je sais lire

Léopard est enrhumé

Texte et illustrations de

Giulio Maestro

Traduit de l'américain par Catherine Deloraine

flammarion

Dans la même collection :

Benny Lapin et le hibou
Chic ! un pique-nique !
Henri est invité
Léon et Émilie
Quand les crêpes tombèrent du ciel
Le vagabond et l'ovni
Des voisins bien bruyants

Titre de l'ouvrage original :
LEOPARD IS SICK
Éditeur original :
Greenwillow Books
A Division of William Morrow & Company, Inc.

ISBN 2-08-171506-6
Printed in France
Imprimerie Hemmerlé, Petit et Cie, Paris - 3-1983
Dépôt légal : Avril 1983 - N° d'éditeur : 11571 - N° d'imprimeur : 3732

Pour
mon père
et
ma
mère

Léopard ne se sent pas bien.
Il a les yeux fatigués
et le nez bouché.

— Cela ira mieux bientôt,
assure le docteur Zèbre. Il faut rester
au lit et boire beaucoup de jus de fruit.

— Je déteste rester au lit,
répond Léopard. Et je ne suis pas malade
à ce point !

— Si vous ne vous reposez pas,
alors vous serez vraiment malade,
déclare le docteur.
Il ferme sa trousse noire et s'en va.

Léopard se regarde dans la glace.
« C'est vrai que je n'ai pas l'air bien, remarque-t-il. Même mes taches sont toutes pâles. »

Il va chercher du jus d'orange.

Léopard essaie de faire une sieste
mais il n'arrive pas à s'endormir.

« J'ai horreur d'être couché
à ne rien faire », se dit-il.

Léopard se met à dessiner; mais les crayons font des taches sur son drap.

Il commence un puzzle; mais les pièces tombent par terre.
« Tout va de travers aujourd'hui », bougonne-t-il.

Tout à coup, on frappe à la porte.

— Salut ! dit Aardvark. Viens donc dehors ! Si on construisait une maison dans l'arbre ?

— Je ne peux pas sortir, explique Léopard. Je suis malade. Je dois rester au lit. Le docteur l'a dit.

— Alors je vais te faire une visite, propose Aardvark. On pourra commencer un puzzle.

— Non, grommelle Léopard. Va-t'en ! Un puzzle ne servira à rien.

Il entend Aardvark qui s'éloigne.

Leopard

Léopard boit du jus de fruit.

Il se met à lire,
mais les mots dansent devant ses yeux.
Les images semblent floues.
« J'ai les yeux trop fatigués », se dit Léopard.

Quelqu'un frappe à la porte bruyamment.

Leopard

— C'est moi, dit Crocodile.
Viens donc dehors !
Si on allait se baigner ?
— Je ne peux pas aller me baigner aujourd'hui, explique Léopard.
Je suis malade, je reste couché.
— Alors je vais te faire une visite, propose Crocodile.
Je te lirai une histoire.
— Je déteste les histoires et je ne veux pas de visite, répond Léopard.

Alors Crocodile s'en va.

Léopard boit encore du jus de fruit.

Il essaie de chanter une chanson,
mais il a vraiment trop mal à la gorge.

On entend encore frapper à la porte.

Leopard

— C'est moi, dit Hippo.
Viens donc dehors !
On pourrait partir en promenade.
— C'est impossible, explique Léopard.
Je suis malade, je dois rester au lit.
— Alors je vais te faire une visite,
propose Hippo. Je te chanterai
une jolie chanson.
— Je déteste chanter, répond Léopard.
Laisse-moi tranquille !

Alors Hippo s'en va.

Léopard reste couché.
Il se sent découragé.
« Ça n'ira jamais mieux »,
pense-t-il en remontant
sa couverture
par-dessus sa tête.

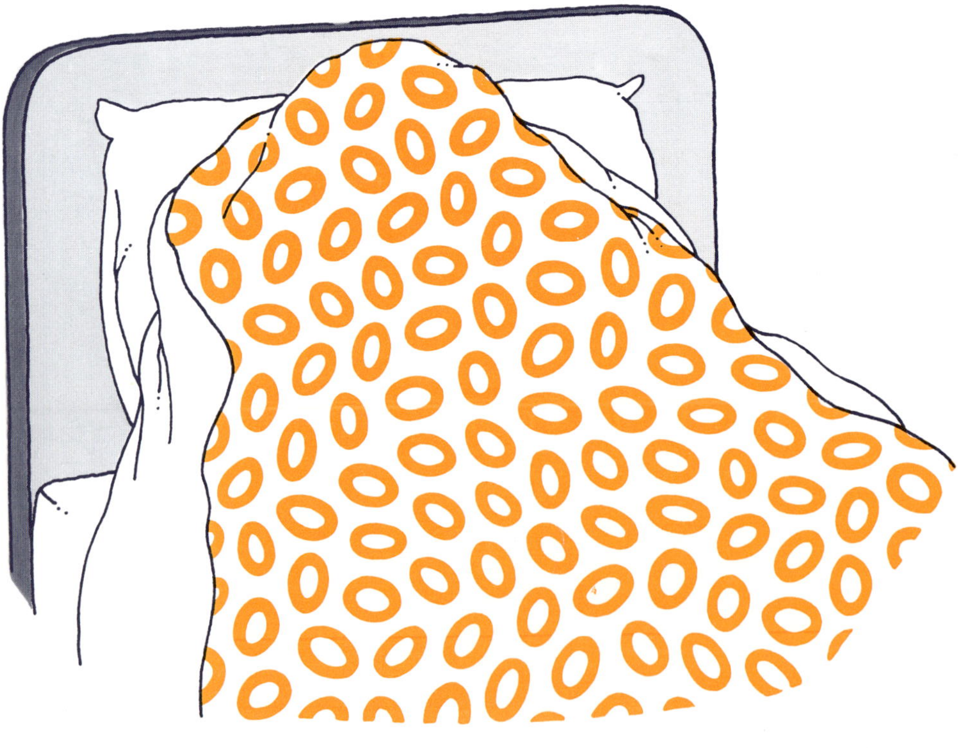

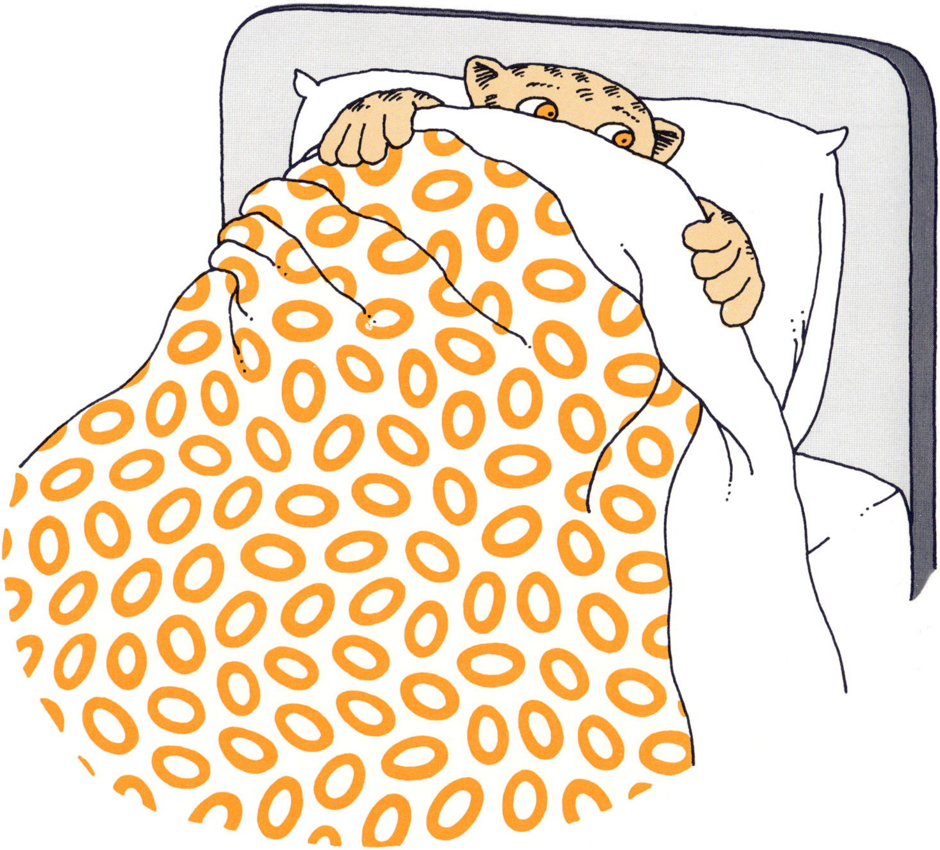

Léopard entend cogner à la porte,
trois fois et très fort.

Il voit entrer trois docteurs.
Léopard est bien étonné.

— Je suis le docteur Potamus, dit le gros.
— Je suis le docteur Vark, dit le petit.
— Je suis le docteur Croco, dit le maigrichon.

Les médecins examinent Léopard
de la tête à la queue.
— Vous avez les yeux fatigués,
dit le docteur Potamus.
— Vous respirez trop fort,
dit le docteur Vark.
— Votre queue est terriblement molle,
dit le docteur Croco.
Nous allons rester avec vous
pour être sûrs que cela ira mieux.
— Bon, d'accord, comme vous voudrez,
répond Léopard.

— En attendant, si on lisait une histoire ?
propose le docteur Potamus.
Léopard, fermez les yeux,
s'il vous plaît, ajoute-t-il.
Il prend un livre dans sa trousse
et commence sa lecture.

Léopard garde les yeux fermés
et écoute tranquillement.

Une fois l'histoire terminée,
le docteur Potamus regarde Léopard et dit :
— Vos yeux ne sont plus rouges,
mais vous respirez encore fort.
— Et si on faisait un puzzle ? suggère
le docteur Vark. Étendez-vous bien,
Léopard, et reposez vous.
Le docteur Vark renverse les pièces
du puzzle sur le lit de Léopard.

Léopard regarde calmement les médecins
qui assemblent les pièces.

Le puzzle est terminé.
— Vous respirez mieux,
dit le docteur Vark.
— Voyons ce que l'on peut faire
pour cette queue toute molle.
Nous allons chanter,
dit le docteur Croco.
Il sort un violon de sa trousse
et commence à jouer.

Les docteurs entonnent un air joyeux.
Léopard écoute bien sagement.

Bientôt, il se met à battre
la mesure avec sa queue.

— Votre queue a meilleure allure, remarque le docteur Croco.

— Je crois que notre travail est terminé, ajoute le docteur Vark.

— Nous pouvons partir maintenant, affirme le docteur Potamus.
— Merci d'être venus, dit Léopard.
Les médecins s'en vont.

Léopard se regarde dans la glace.
« C'est vrai que j'ai meilleure mine,
se dit-il. Mes taches sont moins pâles,
je n'ai plus mal à la gorge.
Je crois que je suis presque guéri ! »

On toque à la porte.
— Entrez ! dit Léopard.
Ce sont Hippo, Aardvark
et Crocodile.

— Comment te sens-tu ? demandent-ils.

— Oh, beaucoup mieux !
dit Léopard. Il explique :

— Trois docteurs sont venus me voir.
Ils ont lu une histoire.
Ils ont fait un puzzle.
Ils m'ont chanté des chansons.
Je me sens tout ragaillardi !
— Tiens, tiens, tiens ! fait Aardvark.
— C'est tout à fait stupéfiant, ajoute Crocodile.

— Maintenant que tu vas mieux,
dit Hippo,
tu dois avoir faim ?
— Oui, dit Léopard, restez donc tous
dîner avec moi.
J'aime beaucoup avoir des invités !